길에서 만난 눈송이처럼

길에서 만난 눈송이처럼

초판1쇄 찍은 날 | 2023년 9월 27일
초판1쇄 펴낸 날 | 2023년 10월 6일

지은이 | 박노식
펴낸이 | 송광룡
펴낸곳 | 문학들
등록 | 2005년 8월 24일 제2005 1-2호
주소 | 61489 광주광역시 동구 천변우로 487(학동) 2층
전화 | 062-651-6968
팩스 | 062-651-9690
전자우편 | munhakdle@hanmail.net
블로그 | blog.naver.com/munhakdlesimmian

ⓒ 박노식 2023
ISBN 979-11-91277-75-3   03810

- 잘못된 책은 바꿔드립니다.
- 이 책 내용의 전부 또는 일부를 재사용하려면
  반드시 저작권자와 문학들의 동의를 받아야 합니다.
- 책값은 뒤표지에 표시되어 있습니다.
- 이 책은 광주광역시, 광주문화재단 의
  지역문화예술특성화지원사업으로 지원 받아 발간되었습니다.

문학들 시인선 027

박노식 시집

길에서 만난 눈송이처럼

문학들

시인의 말

한때,
달콤한 물이었다가 지금은 소금물이 되어버린
여기 64편의 흔적들은
나의 노래가 아니다.
우리는 그리움에 목말라서 서로의 전부를 떠났다.
내가 느꼈던 키 큰 나무의 숨결과
무성한 숲길을 걸어 나올 때의 그 두려움이 아직도
내 안에 남아 있지만,
우기가 닥치면
순백의 물방울들이 그의 얼굴처럼
내 앞을 흘러갈 것이다

2023년 초가을
박노식

차례

5 시인의 말

제1부 봄

13 이른 아침, 멍하니 까마귀 울음소리를 듣다
14 너와 앉았던 그 강가의 앵두나무
15 봄이 오면 아프다는 너를
16 내가 나를 지우고 싶어질 때
17 치자꽃
18 한 장의 엽서
20 시로 돼지나 잡아라
22 시가 찾아오는 순간
24 꿈속의 옹달샘처럼
26 그 사람을 만나고 오던 길에
27 초록 애인
28 목련 앞에서
29 꽃 속에서
30 흰 꽃은 소식이 없네
32 봄 나무에게 건네는 말
33 장미
34 노을

제2부   여름

37   여름 하늘
38   섬진강가에 홀로 앉아
39   인연이 오는 순간
40   여름밤
41   사랑스런 두 발걸음
42   그 느티나무 아래 작은 돌
43   그날, 그 길을 다시 갔을 때
44   그 여름의 끝은 향기로웠다
46   8월
47   더는 아플 일 없이
48   그날, 그 첫 마음
49   무람없는 일
50   새털구름
51   석양
52   괜찮아, 지금은
54   나의 뮤즈
55   별이 내게 준 선물

제3부   가을

59   입추
60   가을은 어떻게 오는가
61   길가의 칸나꽃
62   혀
63   별의 씨앗
64   나는 한때, 조연배우였다
66   궁금했지만 지금은 아닌
67   그 수녀의 눈빛처럼
68   가을이라는 무서운 병
69   빛나는 연애
70   진정한 사람
71   오름
72   애월에서
73   갈대
74   포옹

제4부　**겨울**

77　젊은 애인과 백석과 아름다운 석인상
78　새 발자국
79　'너'라는 이름은 쓸쓸해
80　가혹한 기다림
81　너와 나 사이에 흘러가는 아픔
82　암암리에
83　다정
84　곁
86　네 잎 클로버
88　오지 않는 소식
89　통영에 와서
90　아픔이 오는 순간
91　문장의 무게
92　외면당한 짐승
93　빈집의 살구나무

94　**해설** 시와 사랑에 대한 '이 견딜 수 없는 울렁거림' _ 고재종

제1부

구름의 형상은 어느 시인의 슬픈 눈을 닮아가고

봄

이른 아침, 멍하니 까마귀 울음소리를 듣다

비가 온다
여전히 소식이 오지 않는 것은 나의 고루함 때문,
불을 켜고 새벽 창을 열고
벼락 맞은 나무처럼 누워서
빗소리를 듣는다
귀가 예민해진 건
아직도 기다려야 할 사람이 있고
시를 오래 써야 하고, 그리고
똑똑하지 못하고
내세울 게 없기 때문인데
내가 나의 길에 들어서 설움을 배우는 동안
세상은 쓸쓸하고 사랑은 멀고
꺾인 꽃은 또 꺾이고
나의 노동은 감옥 같기만 하다

마음이 자주 변하는 것은 그의 경험 때문,

열린 창으로 비가 들친다
이른 까마귀가 울고 간다

너와 앉았던 그 강가의 앵두나무

너와 앉았던 그 강가의 앵두나무가 외로워 보인다

그 자리에 지금 내가 홀로 앉을 때 가던 새가 조용히 날아와 기운 가지에 앉았다

눈자위가 수척하고 볼이 야윈 새는 제 가슴을 두어 번 쪼면서 꽃잎을 떨구고 소리도 없이 날아가버린다

강가는 너무 고요해서 여린 꽃잎들이 내 눈에 스미고 강물 속에는 밤새 지친 별들이 내려와 곤히 잠들어 있다

봄이 오면 아프다는 너를

다시는 오지 않을 소식처럼 봄볕은 사납다

나뭇가지를 분질러서 봄을 확인하려는 너의 고운 손가락 앞에서 나의 손바닥은 민망해져버린다

그 여린 나뭇가지를 이미 내 차가운 손이 어루만져서 나의 몸은 포근해졌기 때문이다

굳이 애정을 아픔 속에서 찾을 일은 아니다

봄이 오면, 아프다는 너를, 내가 대신 앓고 있다

내가 나를 지우고 싶어질 때

내가 나를 지우고 싶어질 때는 이른 새벽이었고 이미 이슬이 내렸고 열이레 달이 시려 보였다

그가 어디서 왔는지 그가 어떻게 걸어왔는지 그가 어디로 갔는지 그가 어떻게 걸어갔는지 알 수 없다

그 사이 봉숭아 여러 꽃잎이 입술에 물들고 지워지고 또 물든 채 사라지기까지 스무 날이 흘렀다

그 사이 그의 앞은 보슬비고 구름이고 오솔길이고 파도였다

그 사이 장마가 다녀가서 내가 젖었고 또 태풍이 와서 지상의 모든 꽃들을 데려가버렸다

그 사이 그는 뒤만 남아서 바람이 불고 잎이 지고 가지가 꺾이고 나무 그늘이 한쪽으로 기울었다

눈을 떴을 때 나는 이미 지워져서 초라한 잎이 되어 있었다

치자꽃

방금 떠난 것뿐인데, 그리고
아주 간 것도 아닌데
그의 빈자리를 물끄러미 내려다보고 있으면
오래 정들여 가꾼 화분 하나를
문득 빼앗긴 느낌이 들고
움켜쥔 손에서 상큼한 앵두 한 알이
살짝 빠져나간 느낌이 들고
그래서 뭐랄까
뭉게구름 속에서 함께 놀다
별안간,
나 혼자 번개를 맞고 까무러치는
설움 같은 것이 남아 있다
그, 자리에서
밤새 뒤척이고 앓아눕던 날에
치자꽃이 그새 지고 말았다

한 장의 엽서

그해 겨울, 병상에 누워서 천장 귀퉁이만 쳐다보던 내가 안쓰러웠던지 어느 날 그녀가 찻잔만 한 '스킨답서스'를 머리맡에 두고 갔다

설레고, 가끔 물을 주는 순간을 낙으로 삼았다

이윽고, 연두색의 작은 잎들이 밤마다 성장하듯 나의 병도 차츰 나아지고 있었다

퇴원을 하고, '스킨답서스'를 거실 침대 맡에 두었으나 여름을 지나 가을쯤에는 소녀의 머리칼만큼 자라서 얼굴을 간지럽혔다

투명한 큰 화분으로 옮겨서 책장 꼭대기 선반 위로 옮겨 놓았다

사나흘 간격으로 일터에서 돌아와 물을 주고 잎잎마다 쓰다듬어 주었다

다시 눈이 내리고, 어느 날 우편함 바닥에 숨어 있던 그녀의 젖은 엽서를 꺼내어 늦은 오후에야 간신히 읽었다

"당신의 건강도 '스킨답서스'의 사랑만큼 시나브로 나아졌겠지요."

그제야 그녀의 '스킨답서스'를 누운 채 올려다보았다

그녀가 즐겨 입던 초록의 긴 겨울 치마가 아프도록 눈앞에서 아른거렸다

그해 겨울로부터 어느덧 한 해가 다 지나가고 있었다

시로 돼지나 잡아라

시 청탁을 받고 괴로워한 건 처음이에요
순결시를 써 달라는 건데,
황당하고 겸연쩍었지만
문득 곰과 마늘과 백 일이 떠올라서 승낙해버렸지요
그리고 나름 생각할 때
시보다 내가 먼저,
새로이 태어날까 해서
잠시 순결해질까 해서
그녀 몰래 연락처를 차단하고
지리산 빈집에 알음알음 들었지요
백 일이 가까워질 무렵
시도 거의 다 되어가던 때에
누군가 함석 대문을 발로 차면서
나를 호명하는 거예요
맨발로 나가 보았지요
그녀가 찾아온 겁니다
난 겁이 나서
"하루만 참아 줘, 제발 하루만 기다려 줘."
애걸하면서 달랬지만

일그러질 만큼 문짝을 다시 차고
외마디 악다구니를 던지더니 사라지는 거예요
"시로 돼지나 잡아라. 시로 돼지나 잡아—"
불에 덴 볼처럼 끔찍했지만
달리 생각하니,
역시 나의 뮤즈가
오늘도 시를 던져 주고 가시는구나, 싶어
잽싸게 문고리를 풀고 뛰쳐나갔답니다

시가 찾아오는 순간

시도 아닌 것을 붙들고 누워서
쓰다듬고 입을 맞추고 애걸복걸하는 때가 있지
쓸쓸한 날은 비를 부르고
들뜬 날은 햇살을 찾고
우울한 날은 눈을 그리워하면서, 불현듯
녹음 속을 걷기도 하지만
이 견딜 수 없는 울렁거림이
동시에 오는 날은
눈물로 꽃을 피우고
잠시 독한 술에 취한 채
맨살로 쓰러져서
아픈 꿈을 꿀 때가 있지
새벽이든 아침이든 대낮이든 초저녁이든 한밤이든
시도 아닌 것을 붙들고 앓는 동안
말의 무게에 짓눌려 다투거나
솜사탕 같은 빈말에도 응석을 부릴 때가 있지
그러나 시는 오지 않고
기다림마저 떠나버릴 때
어느 고적한 곳으로 나를 데려가는

새들의 노랫소리가 들렸지
눈을 뜨니까 그가 몰래 와서
내 곁에 누워 있었던 거야
시는 그래,
가끔 그렇게 찾아올 때가 있어

꿈속의 옹달샘처럼

한 번 든 길에서
새벽을 맞는 인내처럼
내 시의 처음은 그늘에서 왔다
이른 자의식은 끔찍한 독백을 낳는다
더구나 내 유년은 달빛이 부서지는
대숲 속에서 웅크렸으므로 환희가 없고
아주 긴 징검다리를 건너가는 동안 하늘을 몰랐다
말로 살지 못해서
나에겐 시가 없다
그러나 목마름이 기적을 부르듯
어느 날 고물상에서 주워 온 둥근 시계를 흰 벽에 걸어 두고
금 간 유리를 서너 번 다독여 주었더니 바늘이 움직였다
저것이 나를 끌어당기거나 놓아주지 않으려는 것을 알았지만
너무 늦어버렸으니, 내 시의 씨앗이
저 시간 속에서 얼마나 버틸까 걱정할 때가 있었다
그러나 꿈에서 만난 옹달샘을 나는 믿는다
쉼 없이 토해내는 아픈 물방울들은 아름답다

진지하니까 늘 새로운 것처럼
새로우니까 내가 살아가는 것처럼

그 사람을 만나고 오던 길에

어느 한순간에도 그리움이 일고 바람이 다녀가듯이 알 수 없는 마음은 강가에 서 있다

이때까지 쓸쓸한 한 곡을 천 번 넘게 들었다는 그 사람을 만나고 오던 길에 하늘을 보았다

구름의 형상이 어느 시인의 슬픈 눈을 닮아가고 있었다

그 눈 안에는 장미와 함께 저버린 치자나무가 있고 저 깊은 한편에는 아직 지지 않은 한 송이 치자꽃이 연민처럼 숨어서 나를 울렸다

내가 한 천 번은 이 흰 꽃을 보고 앓아누워야만 겨우 그 사람을 알 것 같아서 괴롭고 밤새 몸부림치지만 그 사람은 모른다

오늘 망각의 강가에서 무엇이 나를 투신케 하나, 골똘히 고개를 숙인다

초록 애인

 말을 잘하던 사람이 말을 더듬는 것은 어딘가 아프기 때문인데, 그게 사랑에서 온 것인지 작별에서 온 것인지 알 수 없어서 그는 무안하다고 했다 어느 날 강 건너 산발한 흰 꽃들을 보면서 나는 피는 중이라 했고 그는 지는 중이라 했지만 서로의 이해가 빨라 더는 말을 잇지 않았다 그리고 얼마 후, 해변에서 돌아와 초여름의 길을 혼자 걷고 있을 때, 그 아득한 수평선의 평화로움을 그의 눈썹에서 찾았다 그의 말과 눈빛이 저녁 속으로 오롯이 잠기어가는 한 그루 미루나무 같다면, 나는 그의 초록 애인이 되고 싶은 것이다

목련 앞에서

서로 닿은 자리에서 긴장이 오고 설렘이 들고 불안이 쌓이고 꽃잎이 떨고 노래는 흐릅니다

눈을 감으면 목련과 눈을 맞출 때가 많습니다

나는 목련에게서 미소를 배우지만 목련은 자주 나를 밀어냅니다

나의 봄이 어두운 까닭은 말투와 억양과 음색과 간섭과 지루함과 그리고 발을 떼지 못하는 집요함에 있습니다

목련 앞에서 나는 칭얼대는 어린아이가 됩니다

꽃 속에서

안에 들어오니까
안 보이네
안 느껴지네
밖에서 해찰하듯 들여다볼 때
가장 빛나던 촉수들도 부질없네
안으로 들어와버리니까
안 읽혀지네
안 그려지네

흰 꽃은 소식이 없네

세상에 속지 않으려고
내가 내뱉은 구차한 말들로부터 길들여지지 않으려고
송곳으로 발등을 찍어 보지만
죽음 직전의 얼굴을
금 간 거울 속에서 발견하는 순간만큼
생소한 생은 또 없더라
생존은 그만큼 두려운 것이다, 그렇듯
흰색은 공포스러워서
눈으로 가져올 수 없고
영원히 가슴에 묻기로 마음먹어도
임종을 내려다보는 눈빛의 깊이만큼
닮지 않으면 안 되는 것,
병실과 꽃과 나비와 구름과 별과 바람과 강물과 노동과 슬픈 거리와 침묵과 피톨까지
어느 날, 내가 나를 아파하지 않으려고
먼저 가버린 흰 백합의 꽃술을
병든 내 가슴속으로 들어왔지만
밖은 여전히 소란스럽고
누구나 그에게 소곤거리고

색의 마법을 풀어서
아픈 잠을 만들고, 그러나
나약한 내가 물결처럼 스러져서 잊지 못할 꿈을 꾸어도
흰 꽃은 저항이 없고 두려움을 모르고
아무에게나 자기를 맡겨버리니,
나의 병실은 폭설보다 더 고요해서
모든 나의 나날들을 잃게 만든다

봄 나무에게 건네는 말

 봄 나무는, 예민해서 쉬이 얼굴이 달아오르고 서러워서 쉬이 마음을 다쳐버린다

 따갑지? 너의 손등과 목덜미와 고운 볼

 간지럽지? 너의 발가락과 겨드랑이와 아름다운 입술

 쥔 손이 절로 풀어지는 건 흘러가는 흰 구름을 껴안기 위해서지만 바람은 옷섶을 흔들고 햇살은 이마에 든다

 놀람은 이제 익숙한 눈동자가 아니고 설렘은 이미 익숙한 발소리가 아니다

 봄 나무야, 놀라지 말고 손잡고 놀자

장미

장미가 왔다
나의 외론 뜨락에
그가 와서
바람이 불고
눈꺼풀이 풀린다
걸어야겠다

노을

애써 슬픔을 감추면
저리 붉어지는 거야
크게 아픈 거지
붉은 열매를 따서 깨물 때,
온몸이 서러워지는 것처럼
사랑은
수평선 위에 가지런히 놓일 수 없어
그러니까,
내가 먼저 울어서
저 각혈이 깔리면
넌 그냥 바라만 봐
울지는 말고
더는 울지는 말고

제2부

그 느티나무 아래 작은 돌 위에 앉아 너의 눈빛을 생각한다   **여름**

여름 하늘

구름은 꽃을 만들고
물웅덩이에 꽃잎을 띄운다

오래 운 사람이 흰 꽃을 피운다는 이야기를 꿈속에서 들었다

너의 눈에도
슬픈 꽃이 들어 있다

섬진강가에 홀로 앉아

빗소리에 민감한 잎새 같은 너의 눈빛은 저항할 줄 모르고 나는 아프다

나의 우울은 너로부터 왔으므로 아름답다

서러우니까 속으로 우는 별들처럼 너의 다정한 말과 목소리에도 그늘이 있음을 안다

상처는 깃털 같은 것

열이레 달은 손등으로 턱을 괴고 있어서 슬퍼 보인다

섬진강가에 홀로 앉아 날을 새는 건 너를 이해하기 때문이다

인연이 오는 순간

건들면 숨어버리고
만지면 자기를 가져가버리는
갯가의 백합조개를 지켜보면서
눈 뜬 그대와
눈 감은 나 사이를 드나들던
어제의 파도 소리를 떠올려 보았지만
곧 떨어지려는 과실果實과
갓 피어난 붉은 꽃과의 거리만큼
달궈진 돌은 간절하여도
식어가는 접시 물은 더 냉랭해진다
생선의 비린내와
구수한 된장 국물의 아찔한 경계처럼
뜻밖의 인연은 긴장을 키운다

여름밤

옛날은 없고 지금은 서럽지만 꽃 피는 마음을 난 안다

떠나갈 사람과 누워서, 말없이 다정히 누워서 밤하늘을 본다

속엣말도 이제 부질없는 질투가 될 것 같아 잊기로 한다

그는 손가락으로 별자리를 그리고 난 그것이 그가 나를 달래려 하는 참모습임을 믿는다

이슬이 내려 나의 눈엔 근심이 들고 그의 눈은 더 총총하다

그는 가고 그가 누웠던 그 자리에 내가 누워서 아침을 맞는다

여름밤은 이처럼 백치白痴가 되어도 좋다

사랑스런 두 발걸음

멀어서 걸어올 수 없는 그를 기다리는 밤이다

이미 둥지에 들어 지그시 눈을 감고 착한 꿈을 꾸고 있을 모든 산새들을 생각한다

가슴을 대고 부리를 맞추고 내일은 슬픈 일이 찾아오지 않기를 빌면서 잠 못 이루는 산새들도 있을 것이다

오늘 정오엔 산비둘기 둘을 처음 보았지만 서로 다가가지 못하고 맴돌고 있어서 안쓰러웠다

내가 새벽녘까지 눈을 못 감고 혼자 울적한 것은 그 둘 때문이다

태양이 올라오기 전에 나의 지붕 위를 걷는 사랑스런 두 발걸음 소리를 기다린다

그 느티나무 아래 작은 돌

옷자락이 펄럭이는 줄도 모르고
멀리 달려와서
키 큰 느티나무 아래
작은 돌 위에 앉아
너는 여러 날을 기다렸다
느티나무 푸른 그늘 안에서
너의 얼굴은 더욱 쓸쓸했을 것이다
여름이 오고
병이 깊고
그러나 간신히 몸을 일으킨 내가
집으로 돌아가는 길에
너를 거기서 만났다
내가 울고
내 머리칼을 쓰다듬으며 너도 울었다
그 후로 너는 떠나고
다시 여름이 와서
몸이 나아진 나는
그 느티나무 아래를 지날 때마다
잠시 그 작은 돌 위에 앉아
너의 눈빛을 오래 생각한다

그날, 그 길을 다시 갔을 때

그날, 그 길을 다시 갔을 때
지평선 밖의 뭉게구름이 아파 보였다
나는 너무 어리석었고
제멋대로 살아왔지만
착한 이가
갑자기 말을 잃어버린 건
가슴에 설움이 쌓여가는 중이었음을
그때 알았다
돌아와서
아픈 나도 서럽게 울었지만
그는 속으로 눈물을 달래가면서
나를 안아주었다
아, 설운 사람은 말이 없고 고요하구나!
이 진실의 순간을 알기까지
지난 나의 모든 것들은 속되고
메스꺼운 것이 되고 말았다
그의 어깨 너머로
한 송이 부용화가 떠올랐고
나의 병이 조금 나으려다가
다시 아파지기 시작했다

그 여름의 끝은 향기로웠다

둘이 걸었다
문수사* 가는 길,
불이문不二門을 들어서며
우리는 아팠는지 모른다
문수보살도 없고
독경 소리도 없고
견공犬公도 없고
행인도 없는, 그래서
문수전 석축 아래
불두화는 지고
옥잠화는 피고
이름 난 어느 시인 부녀父女의 축원등만 보았다
우리는 축원 리본도 없이 조용히 나왔지만
오솔길이 그의 긴 목처럼 외롭고 아름다웠다
초록의 단풍나무숲이 그늘을 드리워서 고요했다
한 마리 흰 나비가 우리의 가슴께를 지나
풀숲에 앉기까지 둘은 지켜보았다
"저 출렁거림은 운율이고 눈물이고 사랑일 거예요" 내가
말했다

그는 망설이지 않고 곧장 응수했다
"저 출렁거림이 바로 노식 씨 같은데요?"
산문山門을 벗어났을 때
그의 손은 '이브'껌을 벗기고 있었고
나의 손은 '아카시아'껌을 매만지고 있었다
그 여름의 끝은 말없이 향기로웠다

* 전북 고창군 고수면 소재

8월

깨어 보니 8월이 왔고
내 몸은 초록으로 물들어 있었다
거울 속에서
몸의 일부가 쉬는 동안
한 미인이 불쑥 들어와
쉬 쉬가 마렵다고 말하며
갑자기 내 볼기짝을 치고 갔다
몸은 살아났지만
슬픔이 오는 순간처럼
기막힌 연애는 불현듯 달아난다
초록의 계절은 이처럼 버겁고
사랑의 모든 옛일을
찬 그늘로 바꿔버린다
내 몸 안에 모래알이 숨어서 운다

더는 아플 일 없이

 더는 아플 일 없이 왔던 길을 다시 돌아가는 나비처럼 마음을 동그랗게 모으고 후회나 쓰라림이나 아주 작은 반성 같은 날들도 지나 어느 한적한 냇가에 앉아 보는 것은 고운 사람의 얼굴 때문이 아니라 내가 늘 가랑비에 젖어 있으니 저 투명한 냇물을 따라 어디론가 가마득히 가버리고 싶어서다 하지만 잠시라도 맑은 날이 찾아와 내가 다시 나비처럼 그때로 돌아가는 날에는 질척이거나 징징거리는 몸살도 따뜻이 나을 것이다

그날, 그 첫 마음

비 들기 전의 나뭇잎 흔들리듯 그날, 그 첫 마음이 그랬습니다 마침내 가랑비 오고 타인들이 나무 아래로 들어갈 때, 혼자 그 비 맞으며 더운 속까지 젖고 싶어 윗 단추 몇 개를 풀어 젖혔지요 그렇게나마 마음 식히지 않으면 아마 숯덩이가 되어 그 자리에서 고꾸라졌을 겁니다 결국 남들은 느티나무 안에서 서로 다정허졌고 당신도 그 무리 속에 끼어 흰 이를 드러냈으나 나 홀로 너부렁이 밖을 떠돌고 말았지요 그날, 그 마음을 빼앗긴 것이 아직도 병으로 남아 있답니다

무람없는 일

 그 길은 수없이 나를 휘돌게 해서 목적지를 지나치게 만듭니다 노박덩굴 같은 길 밖으로 몸이 쏠려도 마음은 길 안에 둡니다 그 안과 밖이 자주 번갈아가는 동안 아픈 광경 하나가 끼어듭니다 서운함은 꽃잎처럼 곧 사라질 거라고 나는 애써 위로했지만 그녀는 그날의 서운함만큼은 너무 사무친 것이라 아직도 명치끝에 앙금처럼 숨어 있다고 말한 기억이 차창 밖으로 흘러갑니다 갓길 너머 냉해를 입은 흰 목련꽃이 누렇고 검게 시들어가는 것을 보면서 잠시 그녀를 떠올리는 건 무람없는 일입니다

새털구름

다리 난간에 턱을 괴고
물속을 들여다보네
가라앉은 돌들이 우네
새털구름이 우는 돌을 쓰다듬네
송사리 떼는 구름 사이를 노닐고
나는 눈이 감기네
꿈을 꾸네
그가 거품 속에서 걸어나와
근심을 털어내며 웃네
옛 웃음이 아니네
눈 뜨고,
새털구름을 찾았지만
가고 없네
내 마음을 부수어 새털구름을 만들고
그의 옛 웃음을 되찾아줄 수밖에, 없네
더는 방법이 없네
더는 구름이 없네

석양

오래 걸어서 등이 외로운 사람처럼 나무는 홀로 서 있다

지난 길들은 너무 멀리 흘러가서 그의 눈을 깊게 만든다

허무, 푸른 산이 잠긴다

둘이 걸어도 혼자인 듯 말이 없는 것은 누군가의 그림자가 아프기 때문인데,

배롱나무 꽃잎들이 무참히 밟힐 때, 나의 눈빛도 석양처럼 쓸쓸해지는 걸 늦게 알았다

괜찮아, 지금은

가랑비 맞으며 집으로 간다
세든 집,
몸은 이미 빗속의 까마귀가 되었다
한 사람이 빠져나간
마음속은 터널처럼 어둡고 차다
그곳에 빗물이 고인다
나는 지상의 사람이 아닌 듯 얼이 나갔다
도착한 집은 그새 주인이 바뀌었다
거미의 집,
총명한 거미는 구멍마다 물방울을 달았다
영롱한 집,
어디서나 눈에 띄는 집,
거미는 이제 그물을 버리고
며칠 굶으려나 보다
그러나 홀로인 나보다
배고픔을 견디는 거미가 더 나은 것 같다
거미는 외로움을 모르고
나는 외로움 속에서 낡아가니까
하지만 시간이 흘러서 그때,

괜찮아 지금은,
이렇게 말할 날이 분명히 올 거다

나의 뮤즈

옷 벗고,
비를 맞는다
나의 전부가 시원해진다
꽃들은 근심이 쌓여 시무룩하겠지만
나는 이제 나의 사랑을 지켜야겠다
너무 오랫동안 열병에 시달렸으므로
비로소 대지의 빗방울들을 내 뮤즈로 삼는다

별이 내게 준 선물

별을 보고 왔지
뜨건 이마가 갈앉고
심란한 마음이 풀렸어
네가 거기 있어서
내가 위로를 받지만
네가 빛나는 건
어딘가 아프기 때문이야, 잘 알아
그래서 나도 아파
어제도 산정에 올라
너를 보았지
내 안에서
무언가 꿈틀거리는 걸 느끼고
네가 보내준 선물인 줄 알았어
이제 난 괜찮아
아프지 않아

제3부

별들이 사랑을 나누는 밤은 지상의 우리가 아프기 때문   **가을**

입추

그와 다투고 밤새 앓았네
이튿날 아침,
하늘이 비고
눈이 순해지더니
파초 그늘마저 댓잎처럼 가벼워졌네

가을은 어떻게 오는가

매미의 울음 속에는
총탄이 박혀 있지
그렇지 않고서야
저리 사납고 서러울까?
가만히 귀 기울여 들어 보면
느티나무에선 꿈이 울고
버즘나무에선 작별이 울고
굴참나무에선 그리움이 울고
배롱나무에선 누군가 우는데,
꽃잎을 유심히 들여다보니
그가 우는 듯하네
저 꽃잎,
내 가슴으로 들여와
내가 대신 앓아누울 때
매미의 울음소리도 그만 그쳐서
오롯이 가을만 남겠지
오롯이 가을만 남겠지

길가의 칸나꽃

가을은 조금 아파 봐야지
그래야 가을 하늘에게 덜 미안하고
구름에게서 우울을 배울 수 있지
홀로 걷는 길에
칸나꽃을 만나면
속엣말을 털어놓고 위로받아야지
돌아오는 길에
여전히 혼자라서
다시 칸나꽃을 만나면
이제는 내가
그의 속앓이를 들어 줘야지
나와 칸나가 함께 서 있으면
나의 얼굴은 수줍어서
붉어지겠지

혀

물 위의 산그늘은 몹시 서러운 거야
다 알고 있으니까
슬픈 개구리야,
한 곳에 오래 머물지 말고
서둘러 밖으로 뛰쳐나가야 해
늙은 뱀의 혀는 위선적이므로
그의 노래에 잠들면 안 돼
은자隱者인 척 부채로 유인해서
널 취하게 만들고
마침내 네가 지쳐서 쓰러질 때
그 뱀의 혀는 스―을 나온단다
결국 너의 가슴은 썩는 거지
슬픈 개구리야,
거기 얌전히 누워 있지 말고
지금 그늘 밖으로 탄환처럼 뚫고 나가거라, 그것이
네가 사는 길이란다, 그것이
네가 사는 길이란다

별의 씨앗

너무 환한 것은 나를 그늘에 들게 한다
너의 얼굴은 꽃을 피웠지만
지상에 없는 꽃들로 가득해서
흰 구름을 부르거나
지평선을 걷거나
요동치는 파도의 심장을 듣는 것만큼 난해하다
동경은 하늘이 아니라
너의 모든 곳에 숨어 있으므로
물방울이 대지를 적시듯
마른 가슴을 흘러가는 것이다
가만히 들여다보면
나뭇잎에 별빛 지나간 흔적을 느낀다
밝은 별이든
흐린 별이든
사랑하지 않고서 저리 빛날 수 있을까?
별들이 사랑을 나누는 밤은
지상의 우리가 아프기 때문,
미끄러져 가는 밤 속에서
나 홀로
별의 씨앗을 뿌린다

나는 한때, 조연배우였다

돗재 오르는 길에 상사화 피고
나는 그를 만나러 재를 넘는다
간밤 꿈에 부용화가 붉게 물들어 위태로웠다
오늘은 이별을 통보받을지도 모른다
입술을 깨물어도 아프지 않다
길가의 아침 나팔꽃은 유난히 밝고 이슬이 남았다
불안한 나의 얼굴을 스쳐가는 나팔꽃 속에 던져 주면서
옛 미소를 찾으려 해도 입술이 안 떨어진다
나는 내가 후회한 일들에 대해 잠시 생각해 보았다
그의 아픔이 어디서 왔는지
그의 불안이 어디서 왔는지
그의 눈물이 어떻게 왔는지
그의 눈빛이 어떻게 왔는지
나는 그의 마음의 너머를 읽지 못해서 괴로웠다
재를 내려왔을 때,
눈물을 찍어내던 그의 흰 손수건이 젖어서 어두웠다
'랑방 메리 미' 향수를 꾹꾹 눌러 찍은 손수건을 내밀고
그는 말없이 내 곁을 떠났다

-The End-

* 그 여배우는 여전히 흰 백합처럼 중후하고 매혹적이었다

궁금했지만 지금은 아닌

너는 파도처럼 다가와서 쏜살같이 가버렸으므로 나에겐 실종이다

비밀을 들켜버린 앵두나무가 쉬이 꽃잎을 떨어뜨리듯 익숙한 얼굴은 치명적이지 못해서 떨림이 덜 있다, 고 말하듯 너의 걸음은 바빴다

그리고 비밀은 낯선 사람들 앞에서 못 견뎌 한다는 것도 너로 해서 배웠다

사과 한 알이 떨어지는 자연스러움처럼 너는 너의 낙과를 즐기는 경향이 강해 내가 몹시 힘겨웠고 지금은 잊어버렸다

경험 많은 너보다 처음인 나는 고통스러웠지만 떠나는 너의 등이 마냥 즐거운 듯해서 그때 그 얼굴이 오래 궁금했을 뿐이다

그 수녀의 눈빛처럼

나뭇잎 지고
국화는 색이 바래고
이별은 지난 여름의 일,
그 사이
내 눈빛은 조금 기울었다
몸의 욕망은 눈에 남는 것,
한 사람이 떠나는 일은
한 시절이 다 하는 것과 같고, 그래서
누런 은행잎 밟으며 집으로 간다
빈 길가에 잠깐 서서
지나가는 수녀와 눈이 마주쳤다
외롭고도 선한 물방울 같은 눈빛,
첫눈 내리면
내 눈 속으로
저 수녀의 눈빛이 들어와 머물렀으면,
나도 수녀의 눈빛이 되고 싶다
그럴 날이 올 거라 믿는다

가을이라는 무서운 병

그의 악력은 아름답고 견고해서 나의 인내를 순식간에 무너뜨린다

새벽에 잠깐 울다 떠난 까마귀 소리는 먼 데서 온 조롱 같다

이별은 윙크처럼 속삭이지 않고 젖은 돌을 가슴에 던진다

낮은 그늘이 무겁고 밤은 슬픔이 쌓인다

오래 못 가서 누런 잎들이 지고 내 발길이 끊기면 그의 악력도 풀어질 것이다

가을은 무서운 병을 남긴다

빛나는 연애

관심은 먼 곳에서 들어온다
못 보니까
안 보이니까
어느 날, 고개를 숙여서
깊은 길을 들여다볼 때
머잖아 이 어둠 속을
내가 먼저 걷게 된다면
어느 울적한 날이나
어느 설레는 날이나
오롯이 그늘에 갇힌 채
낯선 나의 노래를 부를 수 있을까?
세상에 하나뿐인 그 꽃도
정든 그늘 속에서
제 아픈 노래를 부를 수 있을까?
너무 오랜 기다림은 아픔이 되듯
너무 극적인 순간은 설움을 불러온다
작은 꽃씨 하나도
견딜 수 없을 땐 터진다
통곡은 이처럼 자기를 깨부순다
빛나는 연애는 여기에 있다

진정한 사람

한번은 구름 위로 올라가 턱을 괴고 내려다보았다

가을꽃들이 즐비하게 늘어선 오솔길에서 서너 사람이 꽃과 눈을 맞추더니 돌연 한 사람이 꽃의 목을 꺾어서 옆 사람과 번갈아가며 꽃잎을 손톱으로 튕기었다

다른 한 사람은 허리를 숙여 꽃 향을 맡고

멀찌감치 뒤떨어진 한 여인은 아예 무릎을 꿇고 허리를 낮춰 그의 얼굴을 꽃에게 가져간 듯 보였다

난 좀 더 아래로 구름을 내려보냈다

그곳에, 쓰러진 코스모스가 하늘을 놓치지 않으려고 고개를 쳐든 채 앓고 있었다

나는 눈물이 나와서, 꽃에게 입맞춤을 해 주던 그 여인을 구름 위로 데려오고 싶었다

오름

말의 소란을 피하듯 몇 걸음을 옮겨 숲에 든다

오름은 오를수록 둘의 거리를 멀어지게 하거나 또 가까워지게 하는 반복이 있다

그래서 오름의 어느 지점에는 반드시 기다림이란 인연이 숨어 있어서 둘의 관계를 눈짓으로 이어준다

오름은 떨림을 배우게 하고 뒤에 오는 사람에게 손을 먼저 내어 주는 사랑을 가르치기도 한다

당신은 마음이 크고 자주 기다려 주면서 별처럼 웃어 보였다

애월에서

처연한 눈빛은 먼 곳에 정을 두고 돌아올 줄 모르네

수평선-

바다는 불같은 가슴을 잠재울 수 있을까?

 사랑하니까 자주 드나드는 파도처럼 상처는 문득 아름다운 흉터를 남기지

 한 사람이 바닷가에 오래 서서 떠날 줄 모르네

갈대

 외롭지 않으려고 갈대에게로 간다

 가을 산책길을 따라 쇼팽의 녹턴을 들을 때 철 늦은 꽃들은 시들고 앞서서 팔랑거리던 노랑나비는 물가로 흘러간다

 갈대밭에 와서 바람을 맞는다

 흔들리는 것들은 가여워도 더는 생각하지 않기로 하고 또 걷는다

 불안한 그를 받아들이기 위해 발길을 돌려 다시 갈대에게로 간다

포옹

안아 주는 건
아팠던 가슴이 슬픈 가슴을 다독이는 거야
먼저 다가가는 걸음엔 애잔한 눈빛이 스며 있고,
정아,
그만 고개를 들어
지난 일들은 구름에게나 주고
이제 걷자
너와 발을 맞추는 이 길 끝에서
문득 숨은 별들이 나타나
우릴 포옹할지도 몰라
정아,
멀리 있어도 포옹을 풀지 마
안아 주는 건
서로의 숨소리를 같이 듣는 거잖아
포옹처럼, 가을 하늘은
찌푸리지 않는 우리의 가슴이야

제4부

나는 여전히 외면당한 짐승처럼 걷고 있다 겨울

젊은 애인과 백석과 아름다운 석인상

눈이 와서, 젊은 애인은
정신을 놓고 백석만 찾는다
백석의 시를 읊으며 산으로 가잔다
나도 아니고 나타샤는 더욱 아니어서
그가 산으로 데려가 살고 싶은 이는
눈밭에 앉은 까마귀만큼이나 많겠지만,
내가 모르거나
내가 알아도 착한 이는 아닐 것이다
지금쯤 그는
어느 산에 들어서
백석도 없이 혼자 앙앙 울 것이다
새벽 눈을 밟으며 운주사로 들어간 나는
와불 아래의 한 미인상 앞에서 몸이 굳었다
머리와 눈썹과 콧등과 입술과 목과 어깨와 발등, 그리고
길게 흘러내린 물결 같은 가사袈裟 위에 눈이 고였다
눈이 와서,
잃어버릴 뻔한 젊은 애인을
거기서 다시 만났다

새 발자국

너를 누구에겐가 말해버렸어
그리고 조금 앓았지
숨길 수 없는 마음이
눈 위에 찍힌
새의 발자국처럼 자꾸 종종거려서
많이 힘들었을 뿐이야

'너'라는 이름은 쓸쓸해

번개 치는 밤은 아름다워서
눈을 감을 수가 없네
하늘 한쪽이 깨진 느낌?
물갈퀴, 살구나무 가지, 찢어진 소맷자락, 그녀의 심장 소리
언뜻언뜻,
흰 벽이 살아났다 숨어버리네
그 짧은 순간에도 잊을 수 없는 건
'너'라는 이름,
너무 순간적이어서 위태로운 것처럼
벼랑 끝에는 흰 꽃이 있고
눈을 감았다 뜨면 흔적을 감추네

가혹한 기다림

늦은 밤의 메모는 균열이었고 이른 아침에는 눈이 내린다

그 사이, 한 울음이 오고 갔으나 나의 침실은 메마르고 찬 기침만 남았다

버려진 꿈, 그러니까 가혹한 기다림은 나를 낯설게 할 뿐 오히려 고립을 키운다

홀로 남겨진다는 사실은 눈보라 속의 멧새처럼 자기를 견디는 일

허무와 설움과 빈곤과 미련을 떠나서 나의 정다운 길은 어느 산속에 숨어 있는가

예민한 감성은 세상 속에서 또 한 번 무너진다

눈이 쌓인다

너와 나 사이에 흘러가는 아픔

내가 곱씹어 마시는 술은
오래전 너의 눈물로부터 왔으므로
생각이 많고
쓸쓸해진다
잔에 가득 부어도
너의 미소는 따라 나오지 않으니
서운함만 바닥을 적신다
나는 좀 느리고 서툴다
꽃 진 후에야 그,
꽃을 찾아 나서는 걸 보면
두엄 더미를 날던 나비들마저
혀를 찰 것이다
가까워도 멀고
멀어도 가까운 것이
감정의 선율이라면
너와 나 사이에는
무엇이 지나가고 있느냐
어떤 아픔이 흘러가고 있느냐

암암리에

저물녘의 산새들은
이마에 눈을 받으며
급히 숲으로 든다
발랄했던 나의
기억들이 앓는 동안
대숲은 눈을 날리고
어느덧 나의 눈에는
바람의 선율만이 조각처럼 남아서 아리다
자정의 이별은 뼈아프고
그가 당도한 새벽 섬에도
눈은 내려서
암암리에 내가 잊힐 것이다

다정

겨울 흰 구름은 몽환적이지
너의 목소리도 그래
길에서 만난 눈송이 같아
어느 볕 든 날
언 눈이 녹으며 그려 준
수묵화 몇 점,
고요한 화폭,
뒤돌아서서 다시 보니까
너의 다정함이 물처럼 흘러서
내가 스민 것 같아
내가 꿈꾼 것 같아

곁

짝을 잃고,
먼 산을 넘어가는 산새처럼
그리운 건 말이 없지
아득하니까
지난 일들은 일렁거리고
아쉬운 말은 뒤에 남지만
흘러가는 것은 구름의 시간일 뿐
어제의 노을이 눈빛 속에 남아 있다면
넌 괜찮은 거야
영원하지 않으므로 우리가 여기 있듯
순간만큼 소중한 것도 없지
다신 안 오니까
별이 반짝이는 그 순간도
다신 안 오니까
새야,
놓치고 나서
놓아버리고 나서
아파하는 건 위선이야
곁,

곁은 지키는 게 아니라
서로의 호흡을 교환하는 거지
눈을 뜨면 알아
눈을 감으면 알아

네 잎 클로버

넌 나를 반하게 하고
한눈에 날 가졌지
소싯적,
어린아이 손길로부터
할매의 손에 이르기까지
보석을 찾듯
정원을 뒤지고
공원 한편을 거닐며
숲길을 헤매다
풀죽어,
돌아오는 걸 보았어
난,
별나지 않아
복잡하지도 않아
조금은 예민해서
눈에 띄면 가슴이 마구 뛰지만
아무에게나 두근거리는 건 아니야
우직한 이,
한결같은 이,

그러니까 딱따구리의 부리는 벽을 쪼아서
울림을 만들잖아?
그렇듯 용수철같이 떨림을 간직한 이,
앞에서는 긴장이 돼
너는 가장 먼 데서 와서 운명처럼
나와 가까워진 거야
넌 행운을 따 갔지만
난 널 다 가진 거야

오지 않는 소식

큰 돌 아래 근심을 넣어두고 그 옆에 조바심도 얌전히 내려놓습니다 생각을 떨치는 건 안쓰러운 일이지만 이어지는 밤과 아침처럼 아름다운 것이라 여기면서 눈을 감습니다 그러나 밤의 파도 소리는 다시 꿈을 켜게 하고 소식 하나는 끝내 오지 않습니다

통영에 와서

이제 부를 이름도 없이 먼 항구에 와서 파도 소리를 듣는다

볼이 차다
착한 갈매기 울 때 멀리 동백꽃 하나 둘 지고
눈은 푸른 바다에 젖고

혼자라서 외롭지 않은 것처럼 더는 뒤돌아서서 손을 흔들 눈빛도 없다

바다는 생각이 많아 파도마다 아픈 기억들을 흘려보낸다

얼굴이 부용화같이 창백한 영이는 오래전에 나를 떠났다

아픔이 오는 순간

비밀이 오는 순간의 아픔처럼 꽃잎이 떨고 날이 흐리다

아침에 울던 사람이 저녁에 길을 나서는 것은 강 건너에 사랑이 있고 비애가 있기 때문인데, 놓을 수 없는 마음을 누군가에게 놓친 것처럼 그의 불안은 비에 젖는다

날이 개이고 다시 날이 흐리고

지나가는 얼굴마다 모두 꽃이 피어서 그는 어둡다

문장의 무게

마주 앉은 여인이 내게 물었다
"왜, 시를 쓰세요?"
"잘 모르겠습니다."
"근데 시인은 무얼 먹고 살아요?"
"글쎄요. 잘 모르겠습니다."
여인은 모딜리아니의 여인을 닮았다
떤 손이 커피를 흘려 바지 지퍼를 적셨다
여인의 손도 떨렸던지 왼쪽 가슴에 자국이 남았다
둘은 고개를 숙이고 부끄러워서 일어났다
여인이 에코백을 어깨에 메는 게 보였다
내가 대신 그 가방을 들어 주면서 물었다
"가방에 책이 들었나 보죠?"
"……"
"되게 무겁네요?"
"책이 무거운 게 아니라 문장이 무거운 거겠죠."
"……"
"저 주세요."
나는 여인 앞에서 말을 잃었다

외면당한 짐승

갈대, 서걱이는
바람 같은 날들을 걸어왔다
허기가 진다
모든 뒤가 기억되는 건 불행한 일이다
이미 아름다웠던 일은 소식이 되지 못하고
훗날 추억이 되리라는 말도 상처로 남는다

달의 얼굴을 등질 것
지상의 사랑을 믿지 말 것

갈대, 서걱이는
그 겨울의 강둑길을
나는 여전히 외면당한 짐승처럼 걷고 있다

빈집의 살구나무

내 몸이 빈집의 살구나무처럼 고적해질 때 눈물이 난다

저녁은 야무지지 못해서 나를 달랠 줄 모르고 밤은 저승사자 같다

아침이 오고 한낮의 새들이 부산스러워도 주인은 오지 않는다

한때, 이 집의 주인은 누군가의 뮤즈가 되었다가 지금은 토라져서 소식을 모른다

넌지시 휘인 가지를 집 쪽으로 향해 보지만 인기척이 없다

어느 선하고 아름답고 총명한 새 주인이 찾아왔으면 좋겠다

그가 내 뮤즈가 되어서 내 몸에 물이 차고 꽃이 피고 열매 맺기를 기다린다

| 해설 |

시와 사랑에 대한 '이 견딜 수 없는 울렁거림'

고재종 시인

1.

 일찍이 '시가 내게로 왔다'라고 외친 시인은 칠레의 노벨 문학상 수상자 파블로 네루다였다. 아무리 시를 찾아가려고 애를 써도 안 되는데 어느 날 '계시'처럼 찾아온 시에 대한 네루다의 시를 나는 시론집 『주옥시편』에서 다음과 같이 감상한 적이 있다. "그 시는 어디서, 언제, 어떻게 찾아왔는지 모르지만 겨울에서도, 강에서도 아니고 목소리도, 말도, 침묵도 아닌 채로 '나'를 찾아와 나를 부른다. 다른 모든 것들로부터 유독 나만을 불러 나를 격렬한 불 속으로 빠뜨리는 시의 순간! 나는 입이 막혀 모든 것의 이름을 대지 못하고 눈은 멀어버린다. 그럼에도 내 영혼 속에선 뭔가 시작되고 있었는데 그 탓인지 열이 나고 잃어버린 날개가 다시 도는 것도 같다. 결국 느닷없이 찾아온 그 불이 무엇인가를 해독하며 어렴풋한, 뭔지 모를 첫 줄을 쓴다. 그것은 순전히 난센스일 수도 있고, 아무것도 모르는 어떤 사람의 순수한 지혜일 수도 있다. 하지만 그 첫 줄을 쓰며 나는 문득 본다. 그야말로 씻은 듯이 환하게 풀린, 열린 하늘을 본다. 흐르는 별들을 본다. 마치 새로운 개안開眼처럼. 그러니 곡식으로 고동치는 논밭인들, 화살과 불과 꽃들로 들쑤셔진 삶의 경이와 비애인들, 또 무슨 생생한 것이 마구 휘감아 도는 밤과 우주인들 어찌 보이지 않으랴."

한데 그렇게 '시가 찾아오는 순간'을 읊은 시인이 여기 또 있다. 박노식! 그는 파블로 네루다처럼 화려한 이미지와 사유를 구사하지는 않지만, 오히려 가장 소박하고 진솔하고 감정에 충실한 언어로 다음과 같이 시가 찾아오는 순간의 모습을 적고 있다.

> 시도 아닌 것을 붙들고 누워서
> 쓰다듬고 입을 맞추고 애걸복걸하는 때가 있지
> 쓸쓸한 날은 비를 부르고
> 들뜬 날은 햇살을 찾고
> 우울한 날은 눈을 그리워하면서, 불현듯
> 녹음 속을 걷기도 하지만
> 이 견딜 수 없는 울렁거림이
> 동시에 오는 날은

눈물로 꽃을 피우고
잠시 독한 술에 취한 채
맨살로 쓰러져서
아픈 꿈을 꿀 때가 있지
새벽이든 아침이든 대낮이든 초저녁이든 한밤이든
시도 아닌 것을 붙들고 앓는 동안
말의 무게에 짓눌려 다투거나
솜사탕 같은 빈말에도 응석을 부릴 때가 있지
그러나 시는 오지 않고
기다림마저 떠나버릴 때
어느 고적한 곳으로 나를 데려가는
새들의 노랫소리가 들렸지
눈을 뜨니까 그가 몰래 와서
내 곁에 누워 있었던 거야
시는 그래,
가끔 그렇게 찾아올 때가 있어

－「시가 찾아오는 순간」 전문

특별히 해설을 붙일 필요도 없이 단박에 해독이 되는 이 시는 시가 찾아오기까지의 "이 견딜 수 없는 울렁거림"을 여러 감정으로 표현하고 있다. 시를 "붙들고 누워서/쓰다듬고 입을 맞추고 애걸복걸하"고 쓸쓸한 날은 비를, 들뜬 날은 햇살을, 우울한 날은 눈을 그리워하면서 불현듯 녹음 속을 걷기도 한다. 어디 그뿐인가? 눈물로 꽃을 피우고, 독한 술에 취하고, 맨몸으로 쓰러져 아픈 꿈을 꾸기도 한다. 아무것도 아닌 시에 대한 이 견딜 수 없는 울렁거림 때문이다. 물론 그다음은 더욱 가관이다. "새벽이든 아침이든 대낮이든 초저녁이든 한밤이든" 시도 아닌 것에 붙들려서, "말의 무게"에 짓눌려서 심하게 앓기까지 한다. 하지만 시는 오지 않는다. 그래서 오지 않는 시에 대한 기다림마저 떠나버린다. 그런데 그 순간, 기다림마저 비워버린 순간, 어쩌면 체념으로 마음을 텅 비워버린 순간, 그리하여 고적孤寂이 온 마음과 주위를 감싸버린 순간, 어둡고 깊은 숲속 같은 순간, 그제야 숲속 새들의 노랫소리로 시는 찾아온다. 시가 오지 않아서 고적의 옷을 입고 잠이 들었다 눈을 뜬 순간, 새들의 노랫소리로 찾아온 시가 이미 "내 곁에 누워 있었던" 것이다. 시는 감정에서 출발하지만 감정에서 탈출할 때 드디어 쓰인다는 엘리어트의 시론처럼, 시에 대한 애태움과 집착증까지 보일 정도의 감정을 비워버릴 때, 열정에 찌든 붉게 충혈된 눈을 다시 새롭게 뜨게 될 때, 시는 이미 찾아와 내 곁에 누워 있었던 것을 보게 된 것이다.

그토록 애태우며 찾아온 시, 그 시는 별이 되는 시다. 박노식은 문명화되지 않은, 마치 아날로그 시인 같아서 아직도 별을 노래한다. 이번 시집 시 전체에 문명적 소도구들을 거의 사용하지 않은, 순전히 자연 소재에 의탁한 마음의 "견딜 수 없는 울렁거림"만을 노래한 시인답게 아직도 별을 노래한다. 나는 그 별을 시로 해석한다. 별이 된 시는 과연 어떨까?

> 너무 환한 것은 나를 그늘에 들게 한다
> 너의 얼굴은 꽃을 피웠지만
> 지상에 없는 꽃들로 가득해서
> 흰 구름을 부르거나
> 지평선을 걷거나
> 요동치는 파도의 심장을 듣는 것만큼 난해하다
> 동경은 하늘이 아니라
> 너의 모든 곳에 숨어 있으므로
> 물방울이 대지를 적시듯
> 마른 가슴을 흘러가는 것이다
> 가만히 들여다보면
> 나뭇잎에 별빛 지나간 흔적을 느낀다
> 밝은 별이든
> 흐린 별이든
> 사랑하지 않고서 저리 빛날 수 있을까?
> 별들이 사랑을 나누는 밤은
> 지상의 우리가 아프기 때문.
> 미끄러져 가는 밤 속에서
> 나 홀로

별의 씨앗을 뿌린다

　　　　　　　　　　　　　　－「별의 씨앗」 전문

　별은 너무 환하다. 시는 너무 환하다. 꿈꾸는 시는 너무 환하다. 너무 환해서 나를 그늘에 들게 한다. 그 그늘은 별 그늘도 좋고 나무 그늘도 좋고 너무 환한 시에 가닿지 못하는 마음의 우울이라도 좋다. 그 우울한 마음으로 별을 다시 본다. 그러자 별의 얼굴에, 시의 얼굴에 "지상에 없는 꽃들"이 가득 피어 있다. 그렇다. 시라는 것이 바람 빠진 풍선 같고 찐 달걀처럼 팍팍한 현실에 대한 감각과 사유만으로 이루어지진 않는다. 현실과 꿈의 경계를 넘나들거나 현실과 꿈의 변주가 시 아니던가. 지상의, 현실의 존재인 우리가 만질 수 없지만, 상큼한 바람이 불어오는 맑고 푸른 하늘에 몇 점 흰 구름이 피어오르는 모습을 볼 때 우리의 마음은 어떻던가. 그 흰 구름 뭉실뭉실 피어오르는 지평선을 향해 걸어서, 그 끝의 요동치는 바다의 심장을 껴안는 것만큼이나 뭉클하고 벅차지 않을 것인가. 시는 그런 것이다. 이루어질 수 없는, 가닿을 수 없는, 지상에 없는 꽃들에 대한 꿈, 흰 구름의 자유, 지평선의 사유, 요동치는 바다의 광활을 '동경'하는 것이다. 별 속에, 시 속에 동경하는 그 모든 것들이 숨어 있다. 그렇게 꿈꾸던, 올려다보던 모든 동경이 물방울이 대지를 적시듯 이제는 하강하여 내 마른 가슴 속을 흘러간다. 흘러가며 내 마른 가슴을 다시 동경으로 가득 채운다면 가만히 들여다보지 않아도 "나뭇잎에 별빛 지나간 흔적"을 어찌 느끼지 못하랴. 나뭇잎만이 아니라 너무 환해서 되레 나를 우울에 빠뜨린 별이, 시가, 내 마음엔들 왜 스치지 않으랴. 그것이 "밝은 별이든/흐린 별이든" 사랑하지 않고는 빛날 수 없는 별들이. 그런 별을, 시를 누가 동경하는가. 별이, 시가 너무 환해서 그늘의 마음에 든 사람들과 시인이 아니던가. 그래서 "별들이 사랑을 나누는 것은/지상의 우리가 아프기 때문"인 것이다. 미끄러져 가는 밤, 과도한 문명의 질주로 별 같은 것은 이미 사라져버린 밤, 나는 홀로 '별의 씨앗'을 뿌린다. 홀로 시의 씨앗을 뿌린다. 참으로 천진난만하기 이를 데 없는 시인은 이 밤에도 별을 동경하고 그 별에 의탁하여 시를 노래한다. 그러기 위해서 별의 씨앗을 뿌리는 것이다.

2.

시가 별이 되고 별이 시가 되는 시, 「시가 찾아오는 순간」과 「별의 씨앗」을 감상해 보았다. 그런데 이 시 두 편 모두 사랑에 빠진 한 사람의 애태움과 기다림과 울렁거림과 기대와 꿈을 그린 것으로도 읽힌다. 왜냐하면 이 시집 전체가 '빛나는 연애'의 전후좌우, 상하 내외의 견딜 수 없는 감정을 절제 없이 쏟아내고 있기 때문이다. 그렇다. 사랑은 시와 닮았다. "사랑이 시와 흡사한 것은 양자가 모두 논리의 대척점에 서 있다는 사실이다."(김상욱, 『시의 숲에서 세상을 읽다』) 그가 누구인지, 어떤 사람인지는 아랑곳없이 마음길이 늘 그에게로 향하고, 남들이 보기에는 하잘것없는 왜소한 존재임에도 그를 향해 바닥 모를 깊이로 달려가는 연인들처럼, "이 주체할 수 없는, 나 아닌 또 다른 존재를 향한 갈망"이 또한 시다. 무엇보다도 이 곤혹스러운, 무어라고 규정할 수 없는, 예전엔 느껴 본 적도 없던 이 독특한 감정, 곧 "이 견딜 수 없는 울렁거림"이 어떤 다른 존재를 명명하고 호명하고 싶은 게 시고 사랑이다. 그 사랑과 시는 사랑하는 존재가 지금 옆에 있거나, 사랑하는 존재를 만나고 돌아온 바로 날에도, 여전히 그립고 아쉽고 가슴 조이게 하며 나를 괴롭힌다.

어느 한순간에도 그리움이 일고 바람이 다녀가듯이 알 수 없는 마음은 강가에 서 있다

이때까지 쓸쓸한 한 곡을 천 번 넘게 들었다는 그 사람을 만나고 오던 길에 하늘을 보았다

구름의 형상이 어느 시인의 슬픈 눈을 닮아가고 있었다

그 눈 안에는 장미와 함께 저버린 치자나무가 있고 저

깊은 한편에는 아직 지지 않은 한 송이 치자꽃이 연민처럼 숨어서 나를 울렸다

내가 한 천 번은 이 흰 꽃을 보고 앓아누워야만 겨우 그 사람을 알 것 같아서 괴롭고 밤새 몸부림치지만 그 사람은 모른다

오늘 망각의 강가에서 무엇이 나를 투신케 하나, 골똘히 고개를 숙인다

-「그 사람을 만나고 오던 길에」 전문

보라. 그렇게 애태우고, 우러르고, 기다리던 시를 만난 것처럼 드디어 사랑을 만났다. 그런데 사랑을 만나고 돌아오는 길이 행복한 마음으로 가득해야 할 건데 결코 아닌 모양이다. 그를 만나고 오는 순간 벌써 그리움이 인다. 그러자 마음은 바람이 스쳐 가듯이 쓸쓸해져 강가에 선다. "알 수 없는 마음"이다. 사랑하는 그가 천 번을 넘게 들었다는 "쓸쓸한 한 곡"은 무엇인가. 그 곡을 생각하며 하늘을 본다. 좋은 노래도 세 번 들으면 싫증이 나는 법인데 지치지도 지루해하지도 않고 천 번을 들었다는 그 쓸쓸한 한 곡은 도대체 무엇일까? 이건 어쩌면 사랑하는 그의 마음이 늘 쓸쓸함으로 가득 차 있다는 것에 대한 은유일 수 있다. 그를 사랑하는 내가 아무래도 그의 마음을 온전하게 충족시

켜 주지 못하기 때문에 생긴 쓸쓸한 노래일 수 있다. 이것
을 사랑의 '충족 불가능성'이라고 해 보자. 가령 밤잠도 자
지 못하고 코피가 터지도록 쓴 시, 혹은 유수의 문예지들에
발표했다고 뻐기는 시라고 해서, 자기 마음에 옹글게 여겨
진 적이 한 번이라도 있던가. 수백 편이나 되는 시 중에서
나의 '대표작'이라고 내세울 만한 게 있던가. 내세우는 순간
그 사람의 시는 끝난다. 그처럼 사랑도 애초에 충족 불가능
성 혹은 결핍을 내포하고 있을 수밖에 없는 것이다.

이는 플라톤이 밝힌 에로스의 출생사出生史로도 설명이
된다. 에로스는 아버지 포로스와 어머니 페니아 사이에 태
어난다. 포로스는 방도方道의 신이고 페니아는 결핍缺乏의
신이다. 아프로디테가 태어났을 때 신들이 잔치를 벌이는
데, 구걸하러 온 페니아가 문가에 서 있다가 넥타르에 취
한 포로스를 발견하고 정원으로 끌고 가서 그와 동침을 한
다. 자신의 곤궁과 결핍을 해결할 방도 없음 때문에 방도
의 신 포로스에게 아이를 만들어낼 작정을 세우고 동침하
여 에로스를 임신하게 된 것이다. 그러기에 에로스는 어머
니의 본성을 갖고 있어서 늘 결핍과 함께 산다. 반면에 아
버지를 닮은 본성으로는 곧잘 아름다운 것과 좋은 것을 얻
을 방도를 세우는 것이다. 위 시에서 "이때까지 쓸쓸한 한
곡을 천 번 넘게 들었다는 그 사람을 만나고 오던 길"이라
는 표현은, 시적화자가 쓸쓸한 한 곡을 천 번 넘게 들었다
는 애인의 마음을 충족시켜 주지 못한 것처럼, 자신 또한

애인으로부터 천 번 아니라 단 한 번도 마음의 충족함을 얻지 못했다는 역설적 표현인 것이다. 에로스 자체가 충족 불가능성, 혹은 결핍의 존재이기 때문이다. 그럼에도 불구하고 아름답고 좋은 그에 대한 사랑은 다시 구름같이 일고 시인의 눈처럼 서러워진다. 그리고 "그 눈 안에는 장미와 함께 저버린 치자나무가 있고 저 깊은 한편에는 아직 지지 않은 한 송이 치자꽃이 연민처럼 숨어서 나를 울"린다. 그의 쓸쓸한 노래에 대한 고백이 결국 내 사랑의 열정과 향기인 장미와 치자꽃을 낙담과 좌절로 져버리게 했다. 그러나 저 깊은 마음 한구석에는 아직 지지 않은, 아니 결코 지지 않을 사랑의 치자꽃이 숨어서 연민으로 나를 울린다. 사랑의 결핍과 열정의 변주인 것이다. 시적화자는 결국 마음 한구석에 지지 않은 치자나무 그 흰 꽃을 보고 한 천 번은 앓아 누워야만 겨우 그 사람을 알 것 같다며 밤새 몸부림친다. 물론 그러한 나의 마음을 그 사람은 모를 것이다. 이것은 사랑의 충족 불가능성을 이야기하고 있지만, 곧 시에 대한 이야기이기도 하다. 천 편의 시를 썼다고 해서 시에 대해서 우리가 알 수 있는 것은 별로 없다. 알 수 없는 결핍 때문에 다시 끝없이 시를 갈구하고야 마는 것이 또한 시인이다.

멀어서 걸어올 수 없는 그를 기다리는 밤이다

이미 둥지에 들어 지그시 눈을 감고 착한 꿈을 꾸고 있을 모든 산새들을 생각한다

가슴을 대고 부리를 맞추고 내일은 슬픈 일이 찾아오지 않기를 빌면서 잠 못 이루는 산새들도 있을 것이다

오늘 정오엔 산비둘기 둘을 처음 보았지만 서로 다가가지 못하고 맴돌고 있어서 안쓰러웠다

내가 새벽녘까지 눈을 못 감고 혼자 울적한 것은 그 둘 때문이다

태양이 올라오기 전에 나의 지붕 위를 걷는 사랑스런 두 발걸음 소리를 기다린다

― 「사랑스런 두 발걸음」 전문

여전히 "서로 다가가지 못하고 맴돌고" 있는 사랑의 우울함을 읊은 시다. 다가가기는커녕 "멀어서" 걸어올 수조차 없는 사랑이다. 도대체 왜 "가슴을 대고 부리를 맞추고 내일은 슬픈 일이 찾아오지 않기를 빌면서 잠 못 이루는 산새들"을 걱정하는가. 왜 "새벽녘까지 눈을 못 감고 혼자 울적한 것"을 계속 맴돌고만 있는 산새 둘 때문이라고 변명하는가. 혹여 사랑이라는 관계의 망설임, 서투름 때문만

이 아니라 사랑하는 두 주체가 서로 다름을 인정하지 못하는 데서 지금 슬프고 울적한 상태에 놓여 있는 것은 아닌가. 「초록 애인」이라는 시에 "어느 날 강 건너 산발한 흰 꽃들을 보면서 나는 피는 중이라 했고 그는 지는 중이라 했지만 서로의 이해가 빨라 더는 말을 잇지 않았다"는 구절이 나온다. 맞다. 생각하는 바가 서로 다르다. 강 건너 핀 흰 꽃 무더기를 보면서 나는 피는 중이라 하고 그는 지는 중이라고 한다. 나의 사랑은 이제 시작인 것 같은데, 그의 사랑은 항상 끝을 생각하는 것 같다. 피어난 꽃을 보고도 이렇게 생각이 다르다. 물론 그 밑에 "서로의 이해가 빨라 더는 말을 잇지 않았다"고 하며 서로가 다른 생각을 급히 수습하려 하는 것 같지만, 그것은 서로의 생각을 인정하는 수습이 아니라 "이해" 때문에 더는 말을 잇지 않는 것이다. 이해라는 것은 '남의 사정이나 형편 따위를 잘 헤아려 너그럽게 받아들임'이라는 뜻이기도 하지만, '이익과 손해'라는 뜻도 있다. 부디 전자의 이해로 해석되어서 해가 뜨기 전에 "지붕 위를 걷는 사랑스런 두 발걸음 소리를" 듣는다면 좋으련만. 하지만 문제는 시 앞부분에 "말을 잘하던 사람이 말을 더듬는 것은 어딘가 아프기 때문인데, 그게 사랑에서 온 것인지 작별에서 온 것인지 알 수 없어서 그는 무안하다고 했다"고 한 걸로 보아 그는 내게 작별을 고하고 싶으나 그걸 망설이는 것 같다. 그런 "그의 말과 눈빛이 저녁 속으로 오롯이 잠기어가는 한 그루 미루나무 같다면, 나는 그의 초록 애인이 되고 싶은 것이다"라고 고백하는 내가 안쓰럽다. 롤랑 바르트가 『사랑의 단상』에서 한 말이 생각난다. "충족된 연인은 시를 쓸 필요가 없다."

3.

　박노식의 시와 사랑의 문법에 대해서 말하지 않을 수 없다. 박노식의 이전 두 시집에서도 그걸 걱정한 것이 사실이지만, 이번 세 번째 시집의 대개 시들이 감정의 유로流路가 넘치다 못해 범람한다. 더구나 그 발화법은 20대 청춘 시절에나 있었을 사랑의 여러 감정, 특히 '그'에게 가닿지 못하는 안타까움, 외로움, 쓸쓸함, 기다림, 불면과 우울 등을 자연물에 의탁한 전통적 정조로 끊임없이 독백하는 양상이다. 시인 나이 60세가 넘었을 터인데 그 지속되는 열정이 부럽기도 하다. 그럼에도 인공지능이 어떻고, 사이보그가 어떻고 하는 최첨단 현대 문명사회를 생각하면 한숨이 절로 나온다. 하지만 박노식은 그런 자기 시를 잘 알고 있는 듯도 하다. 다음의 시를 보라.

　　어느 날 고물상에서 주워 온 둥근 시계를 흰 벽에 걸어
　두고
　　금 간 유리를 서너 번 다독여 주었더니 바늘이 움직였다

저것이 나를 끌어당기거나 놓아주지 않으려는 것을 알
았지만
너무 늦어버렸으니, 내 시의 씨앗이
저 시간 속에서 얼마나 버틸까 걱정할 때가 있었다
그러나 꿈에서 만난 옹달샘을 나는 믿는다
쉼 없이 토해내는 아픈 물방울들은 아름답다
진지하니까 늘 새로운 것처럼
새로우니까 내가 살아가는 것처럼

─「꿈속의 옹달샘처럼」 부분

이 시는 어쩌면 시인의 시론으로 봐도 무방할 듯싶은 시다. "어느 날 고물상에서 주워 온 둥근 시계"는 무엇인가. 고물상에서 주워 온 시계라면 낡아서 버려진 시계가 아닌가. 이는 이미 낡아서 버려진 시적 정서와 문법에 대한 비유다. 비유의 객관적상관물이다. 그것이 "나를 끌어당기거나 놓아주지 않으려는 것을 알았지만/너무 늦어버렸"다는 뜻은 무엇인가. 그런 정서와 문법이 낡고 버려졌다는 것을 잘 알고 있지만, 그것이 나를 끌어당기거나 놓아주지 않을 것임을 알기에, 나는 그 낡은 기조를 계속 이어 나갈 심산인 것이다. 물론 아직 싹도 틔우지 못한 "내 시의 씨앗이/저 시간 속에서 얼마나 버틸까 걱정할 때가 있"기도 한다. 그렇다! 고물상에서 주워 온 둥근 시계 같은 시가 얼마를 버틸까. 사실 요새는 그런 시계를 벽에다 거는 집도 별로 없다. 모두 전자기 속에서 명멸하는 시간의 폭발 속에서 낡은 벽시계가 무슨 의미가 있다는 말인가. 오히려 어떤 경우엔 흉물스럽기까지 할 것이다. 그럼에도 그 낡은 시계의 꿈속에서 '옹달샘'을 만난다는 데야 뭐라고 할 것인가. 그 옹달샘이 "쉼 없이 토해내는 아픈 물방울들은 아름답"고, 그것은 너무도 진지하여서 늘 새로운 것이라는 데야 무어라 할 것인가. 많은 시인들 중 누구 한 명쯤은 그렇게 낡고 버려진 것에 대한 애정을, 낡고 버려진 것의 문법으로 말하는 것도 용기일 것이다. 그러다 보면 다음과 같은 시도 저절로 터지기 마련이다.

> 관심은 먼 곳에서 들어온다
> 못 보니까
> 안 보이니까
> 어느 날, 고개를 숙여서
> 깊은 길을 들여다볼 때
> 머잖아 이 어둠 속을
> 내가 먼저 걷게 된다면
> 어느 울적한 날이나
> 어느 설레는 날이나
> 오롯이 그늘에 갇힌 채
> 낯선 나의 노래를 부를 수 있을까?
> 세상에 하나뿐인 그 꽃도

정든 그늘 속에서
제 아픈 노래를 부를 수 있을까?
너무 오랜 기다림은 아픔이 되듯
너무 극적인 순간은 설움을 블러온다
작은 꽃씨 하나도
견딜 수 없을 땐 터진다
통곡은 이처럼 자기를 깨부순다
빛나는 연애는 여기에 있다

- 「빛나는 연애」 전문

 박노식은 「꿈속의 옹달샘처럼」이란 앞의 시에서 "내 시의 처음은 그늘에서 왔다"고 했다. 시의 처음이 그늘에서 온 까닭에 "이른 자의식"을 갖게 됐고, 그 자의식은 곧잘 "끔찍한 독백"을 낳았다고 고백한다. 달빛 부서지는 대숲을 보고도 환희를 몰랐다. 대숲 속에 옹크렸기 때문이다. 긴 징검다리를 건너가는 동안 하늘도 몰랐다. 물에 빠지지 않으려고 내내 고개를 숙였기 때문이다. 왜 그런 그늘의 정서를 갖게 되었을까 하는 것은, 우리는 알 수 없는 시인의 우여곡절 개인사를 들여다보면 알게 될 것이다. 어쨌든 그런 심리 상태를 시인은 "그늘에 갇힌 채" 살았다고 표현한다. 그 그늘 속 심리로 시 첫 문장에서 "관심은 먼 곳에서 들어온다"고 했다. 이는 시인이 어떤 먼 곳에 대한 동경을 했다는 얘기다. 그 먼 곳은 누군가를 사랑하는 마음에선 '님이 오시는 곳'일 수 있고, 어떤 구원과 관계되어서는 '절대자가 임하는 곳'일 수도 있다. 하지만 그것은 못 본다. 안 보이니까 못 본다. 그래서 어느 날부터는 고개 숙여서 "깊은 길"을 들여다본다. 이는 안 보이는 먼 곳의 대체물로서 발 앞에 놓인 깊은 길을 들여다본다는 뜻으로, 어쩌면 님이나 구원자를 기다리는 자기 마음의 구중궁궐을 들여다본다는 뜻이겠다. 하지만 그 마음속은 더더욱 어둠이다. 그늘의 심리가 어둠의 심리로 더욱 깊어지는 형국이다. 하지만 그늘이나 어둠이나 마음의 우울증 측면에선 동질성을 갖는다.

그런 심리 속을 '내' 먼저 걸어서 울적한 날이나, 설레는 날이나 "낯선 나의 노래를 부를 수 있을까?", "세상에 하나뿐인 그 꽃" 곧 님도 이제는 아예 정들어버린 그늘 속에서 "제 아픈 노래를 부를 수 있을까?"하고 시인은 애절하게 묻는다. 비록 그늘 속이지만 나나 님이나 낯설고 아픈 노래를 부르지 못할 이유는 없다. "너무 오랜 기다림은 아픔"이 되고, 혹여 기다림 끝에 만나게 될 "너무 극적인 순간은 설움"이 봇물 터지듯 터질 것이다. "작은 꽃씨 하나도/견딜 수 없을 땐 터진다"는 것은 자연의 이치 아닌가. 그때쯤이면 나의 통곡이 그늘과 어둠에 갇혀 먼 곳이나 깊은 길을 들여다보곤 하는 "끔찍한 자의식"을 깨부수고 "빛나는 연애는 여기에 있다"고 단호하게 외칠 것이다. '먼 곳'에서 안 오는 님에 대한 관심의 그늘, 그로 인해 자기 안의 '깊은 길'을 들여다보는 마음의 어둠을 헤치고, 너무 오랜 기다림의 아픔으로 결국 언젠가 만나게 될 너무 극적인 순간의 서러움까지 예견한다. '이 견딜 수 없는 울렁거림'이 "작은 꽃씨 하나도 견딜 수 없을 댄" 터지듯 터지는 날, 통곡은 마침내 자기를 깨부수리라. 이것이 "빛나는 연애"를 쟁취하게 될 마음의 과정이다.

박노식에겐 시가 사랑이고 사랑이 곧 시다. 박노식의 한 편 한 편의 시는 사랑의 대상에 대한 울렁거리고, 서럽고, 맹렬하고, 지독히 아픈 사랑의 고백이다. 그 한 편 한 편 사랑의 고백은 다시 시일 수밖에 없다. 바로 그 대상을 향한 마음에서 모든 시가 흘러나오기 때문이다. 그 사랑이 실제 인물이거나 그렇지 않거나, 시는 이미 상상력의 가공을 거치기에, 다다르거나 가닿을 수 없는 사랑의 환상이기도 하리라. 나이 육십 세를 넘어서까지 사랑의 환상을 지속시킬 수 있다는 것은 축복이다. 정진규가 환갑 넘어 쓴 시 「산수유」에서 "그건 아직도 유효해! 한 가닥 염장 미역으로 새까맣게 웅크리고 있던 사람아, 다시 노오랗게 사랑을 채밀採蜜하고 싶은 사람아, 그건 아직도 유효해!"라고 외치듯, 내면에 삐쩍 마르고 까맣게 졸아든 채로 웅크리고 있는 염장 미역 같은 사랑이, 사랑의 물을 만나면 바가지 가득 부풀어 너무도 부드럽게 변하는 축복은 아직도 유효할 것이다. 하지만 박노식의 사랑의 우울과 서러움은 이게 또한 지옥이 되기도 하는 걸 어떡하랴.